Ukulele in the Classroom

제임스 힐 & 차머 돈의 **우쿨렐레 교실**

by James Hill & J. Chalmers Doane

BOOK 1

학생용
C6 튜닝 (G, C, E, A)

score

감수(Consultant Team)

Warren Dobson	Nova Scotia, Canada
John King	Florida, U.S.A.
Peter Luongo	British Columbia, Canada
Lorna MacPhee	Ontario, Canada
Marven Shields	Saskatchewan, Canada
Bonnie Smith	British Columbia, Canada
Jamie Thomas	British Columbia, Canada
Cam Trowsdale	British Columbia, Canada
Bill Wallace	New Brunswick, Canada
Byron Yasui	Hawaii, U.S.A.

제임스 힐 & 차머 돈의
우쿨렐레 교실(학생용 1)

발행일　2013년 12월 30일
발행인　최우진
편저자　제임스 힐, 차머 돈
편　집　조나단, 김재훈
번　역　나동우
디자인　이장규
영　업　현석호
관　리　김정숙
발행처　㈜스코어(대표 정상우)
등　록　2012년 6월 7일 제313-2012-196호
ISBN　978-89-98522-56-8 (14670)
　　　　978-89-98522-55-1 (세트)
주　소　서울시 마포구 서교동 474-13번지(121-896)
전　화　02)333-3705
팩　스　02)333-3745
www.allmusicscore.com
www.openhousebooks.com
판매원　오픈하우스

Coordinated by Ggum Inc.

우쿨렐레 각 부분의 명칭

줄감개(Tuning Peg)
헤드(Head)
너트(Nut)
프렛(Fret)
지판(Fret Board)
넥(Neck)
프렛 와이어(Fret wire)
프렛 마커(Fret marker)
사운드 보드(Sound board)
사운드 홀(Sound Hole)
줄(String)
새들(Saddle)
바디(Body)
브릿지(Bridge)

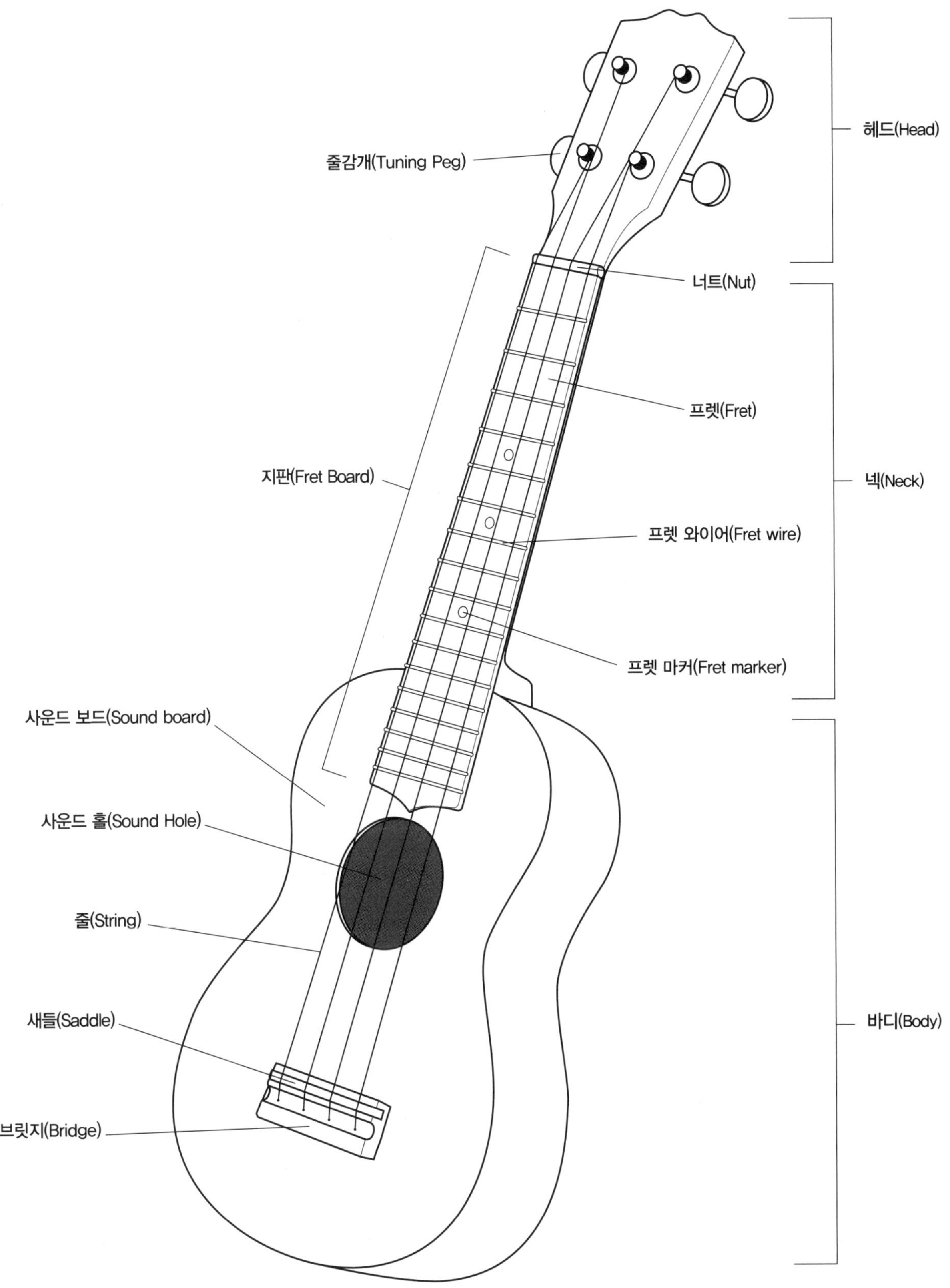

학생들에게

이 책은 삶을 음악으로 채워주기 위해 만들어 졌습니다.

음악을 연주하는 것은 다른 사람들과 느낌을 공유하고 다른 전통들, 다른 문화와 다른 역사의 시대를 더 잘 이해하는 방법입니다. 음악의 언어를 배우는 것은 세상을 이해하는 언어를 배우는 것입니다.

음악을 연주하는 것은 재미있지만 연습을 해야 합니다. 매일 시간을 내서 연습하는 것 ; 한결 같은 노력이 열쇠입니다. 언제든지 다른 사람과 연주 할 수 있고, 열린 마음으로 귀를 귀울이고 실험하면 우쿨렐레는 음악의 넓은 세계를 탐구할 때 좋은 안내자가 되어 줄 것입니다.

James Hill

J. Chalmers Doane

Contents

Ukulele
in the Classroom

· 우쿨렐레 교실의 자료실 ·

우쿨렐레의 개방현은
G(지), C(씨), E(이), A(에이) 입니다.

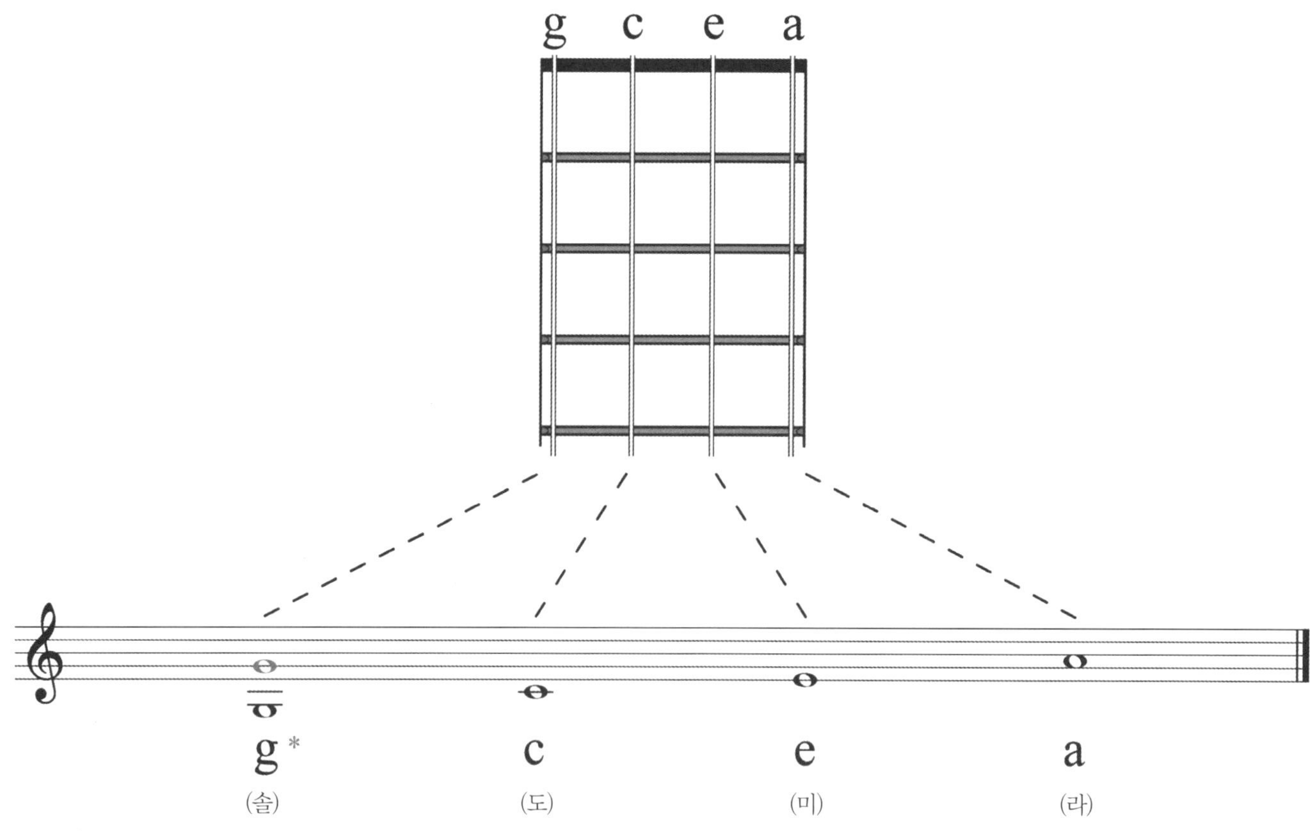

우쿨렐레를 몸 가까이 잡고 오른손 엄지손가락으로
우쿨렐레의 몸통과 지판이 만나는 곳에서 줄을 치세요.

*음을 맞출 때(튜닝 할 때), "High G" 또는 "Low G"(더 두꺼운 줄 필요)로 합니다. (본 교재는 " Low G"를 기준으로 합니다.)

Lesson 1

반복 표시 ; 처음부터 다시 연주하세요!
(도돌이표)

오른손 엄지로 각각의 음을 가볍게 치세요. 똑같은 박자를 유지해 보세요.

1.

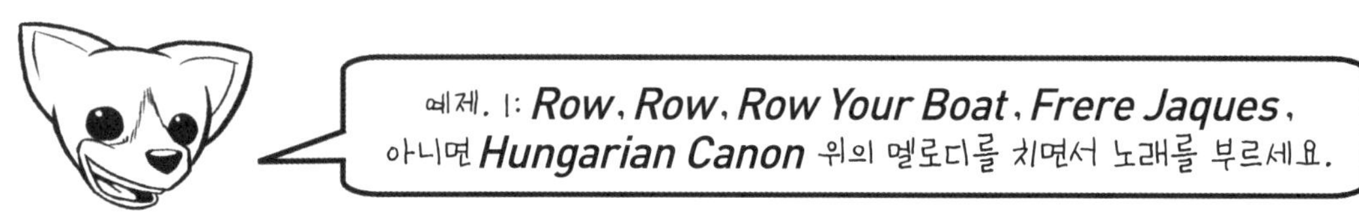

예제. 2를 할 때는 각각의 음이름을 말하고
He's Got the Whole World in His Hands 아니면 Sur Le pont d'Avignon 노래하세요.

2.

이것은 **박자표**입니다. 위의 숫자는 각 마디의 박자를 나타냅니다.

3.

Lesson 2

모든 음을 **따뜻**하고 **온전한 소리**를 내보세요.
예제 4, 5와 6을 각각 연주해 보고, 그 다음은 하나로 이어서 치세요.

4.

5.

6.

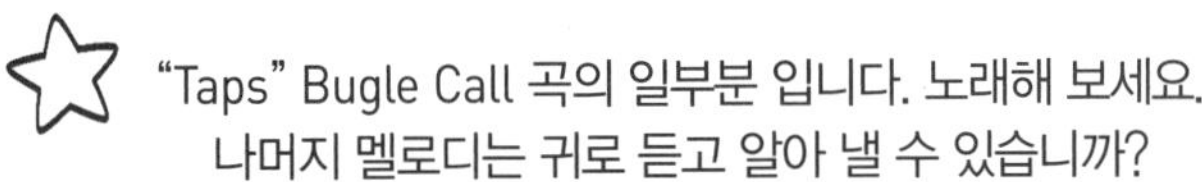

"Taps" Bugle Call 곡의 일부분 입니다. 노래해 보세요.
나머지 멜로디는 귀로 듣고 알아 낼 수 있습니까?

7.

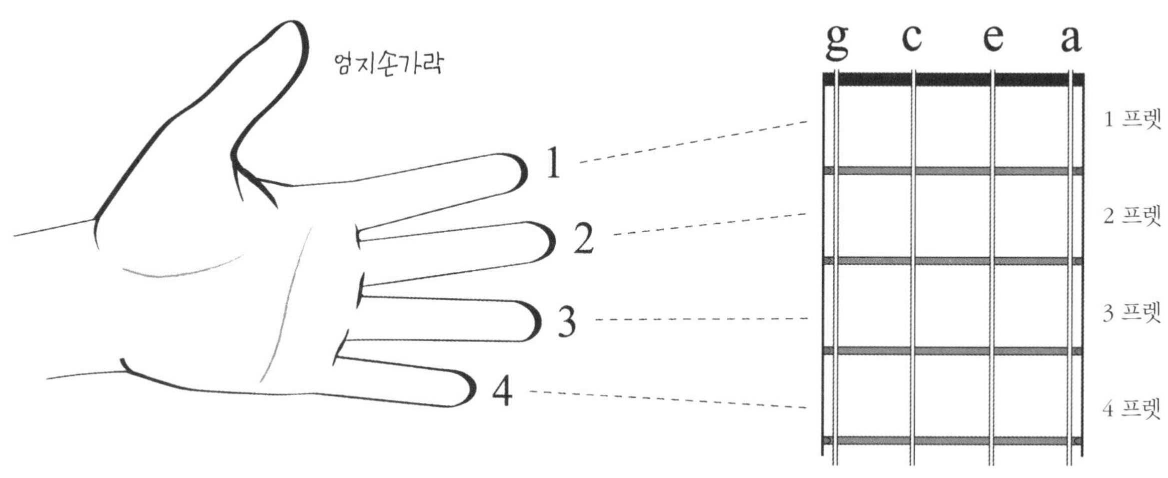

이 펜타토닉 스케일 안에 얼마나 **많은 알파벳 이름**들이 있을까요?

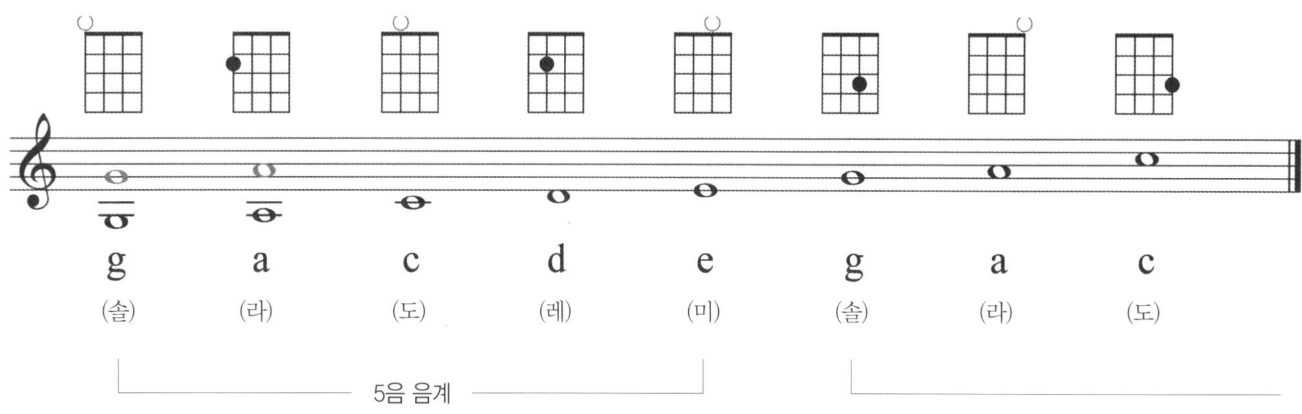

왼손 엄지는 우쿨렐레의 **넥 뒤**에 놓고 나머지 손가락을 지탱해 주세요.
깔끔하고 정확한 소리가 날 때까지 줄을 누르세요.

Lesson 3

"Safari"는 Swahili의 언어로 여행이라는 뜻입니다. 당신은 지금 **신나는 음악여행**을 우쿨렐레로 하고 있습니다. 연습을 자주 하면 safari는 재미있고 보람이 있을 것입니다.

영국 북쪽, 콜롬비아, 캐나다, 뉴 멕시코 미국까지 쭉 이어진 록키 산맥이라 불리는 4800km 길이의 산이 있습니다.

Rocky Mountain

북부 아메리카 민요

2. Sunny valley, sunny valley, sunny valley low,
   When you're in that sunny valley, sing it soft and slow.

3. Stormy ocean, stormy ocean, stormy ocean wide,
   When you're on that deep blue sea, there's no place you can hide.

이 전통 노래는 캐나다 동부에서 내려온 것입니다. 노바 스코티아, 뉴 브런즈 윅 그리고 프린스 에드워드 섬에 처음 으로 캐나다에 온 프랑스 정착민들이 Acadians라고 불려졌습니다.

이 곡들은 펜타토닉 스케일에서만 나오는 음을 사용해서 만든 것입니다. 노래를 하는 동시에 멜로디를 칠 수 있나요?

Oh! Susanna

Stephen Foster
(1826–1864)

2. It rained all night the day I left, the weather it was dry.
The sun so hot I froze to death Susanna don't you cry.

Up on the Housetop

Benjamin Hanby
(1833–1867)

2. First comes the stocking of little Nell; Oh, dear Santa fill it well;
Give her a dolly that laughs and cries; One that will open and shut her eyes.

우쿨렐레 교실
학생용 1권, 단원 1 정리

멜로디

개방현

펜타토닉 스케일

레퍼토리

펜타토닉 스케일의 멜로디

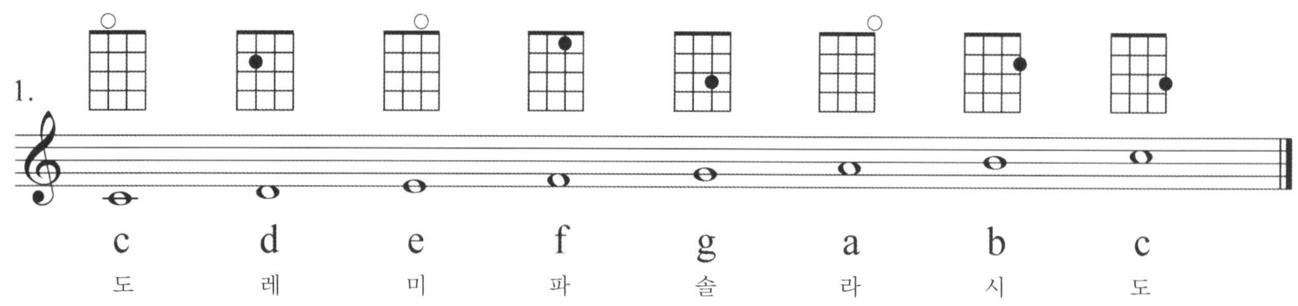

예제 1은 아래 음에서 위의 음으로 위의 음에서 아래 음으로 내려옵니다.
예제 2에서 리듬을 골라 예제 1에서 나온 음들을 치세요. 예제 2에 나온 리듬이 익숙해질 때까지 연습하세요.

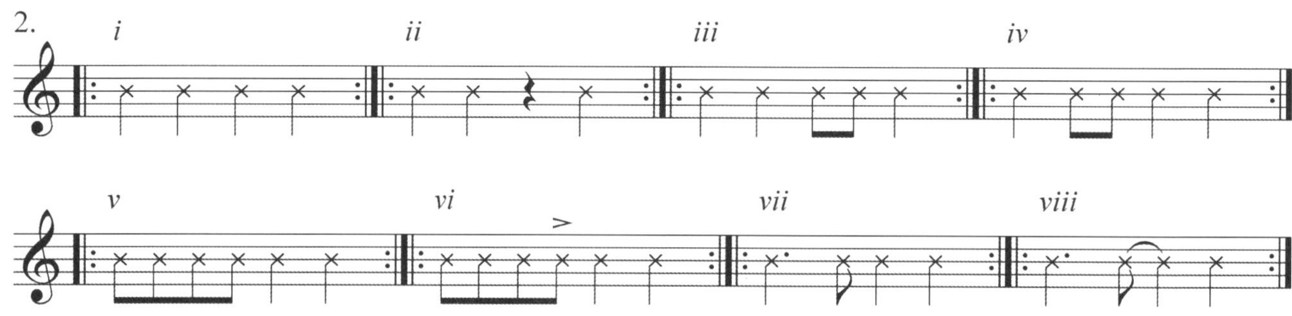

스케일을 연습하는 **방법은 더 있습니다.** 각 음의 계이름을 말하면서 치는 것도 하나의 방법입니다.

Lesson 8

이 곡은 다함께 노래 부르기 아니면 여름 캠프에서 들었을 것입니다.
이 곡은 돌림노래인데, 이 곡을 연주하고 노래 하면서 세 파트가 함께 어떻게 연주되는지 들어보세요.

All Night Long

2. All night long, (All night long,)
   All night long, (All night long,)
   All night long, (All night long,)
   From midnight on. (From midnight on.)

   If anyone asks you (If anyone asks you)
   Who wrote this song, (Who wrote this song,)
   Tell 'em it was me (Tell 'em it was me)
   And I'll sing it all night long. (And I'll sing it all night long.)

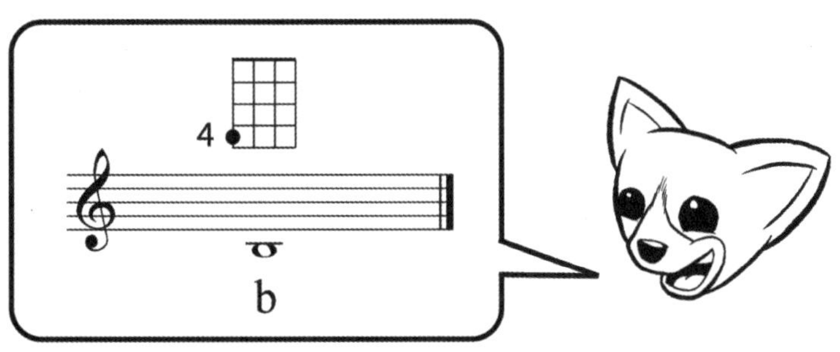

Lavender Blue라고 불리우는 이 자장가는 17세기 때 만들어진 영국 민요입니다.
이 곡의 멜로디는 내려가는 C 스케일로 만들어졌습니다. C 스케일이 어디 있는지 찾아 낼 수 있나요?

Lavender's Blue

영국 민요

2. Call up your friends, dilly, dilly   Some to the hay, dilly dilly,
    Set them to work   Some to thresh corn
    Some to the plough, dilly dilly,   Whilst you and I, dilly dilly,
    Some to the fork.   Keep ourselves warm.

* Optional variation for picking.

Carnival of Venice 는 13세기 때 이탈리아에서 열리는 축제였습니다.
가면을 쓰고 축제에 가는 것은 이탈리아의 전통 중에 하나입니다. 이 곡은 19세기 때 독일 작가 Julius Benedict가 썼습니다.

Go to **www.ukuleleintheclassroom.com/carnival** for a free "high-g friendly" arrangement of *Carnival of Venice.*

C 스케일을 연주할 때 알파벳의 이름을 말해 보세요.
각 음의 번호 이름을 사용하여 반복합니다. 똑같이 레슨 8 에서 나온 예제 3과 4의 음들을 말해 보세요.

1.

연주할 때 각 음의 숫자를 말해 보세요.

2.

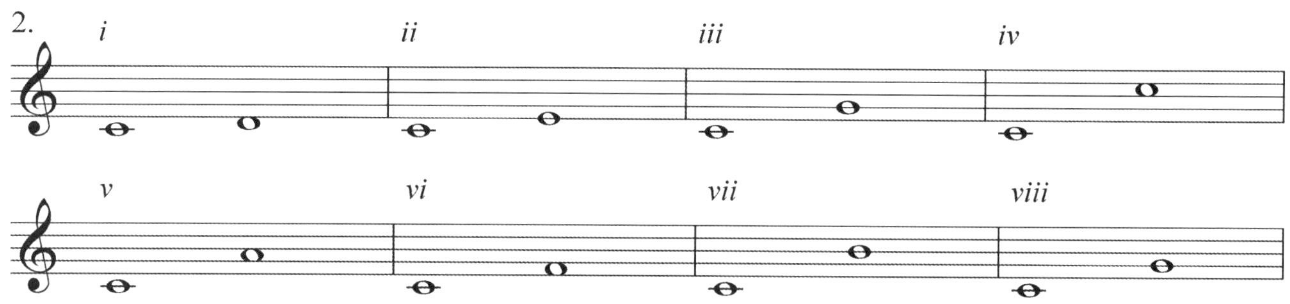

아래에 한 쌍의 음 중 두 번째 음의 숫자를 말해 보세요.

3.

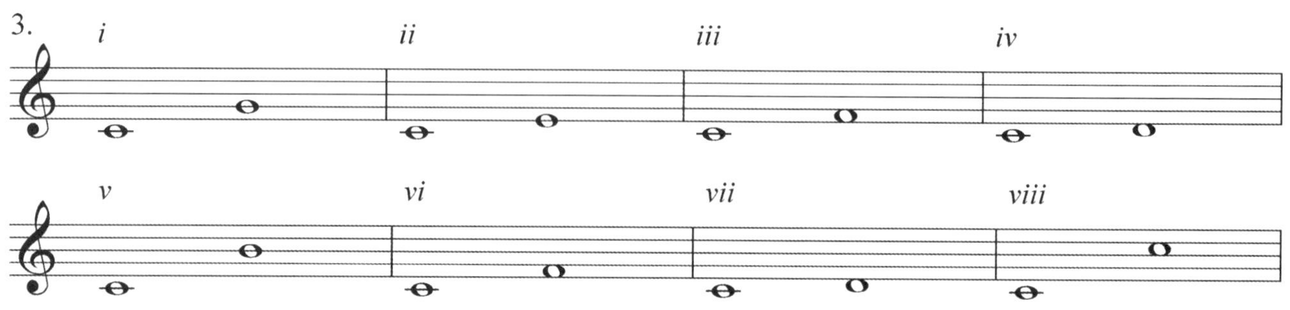

예제 4에서 두 음표 사이의 거리를 말해 보세요. 만약 첫 번째 음이 1이고 두 번째 음이 2라면 그 음정은 2도, 만약 첫 번째 음이 1이고 두 번째 음이 3이라면 그 음정은 3도입니다.

4.

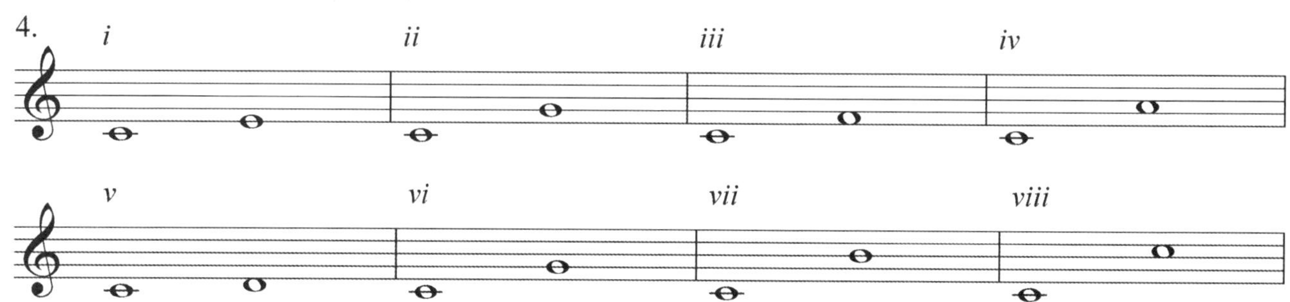

☆ 두 음 사이의 거리를 **음정**이라고 부릅니다.
첫 번째 음에서 8 번째 음까지를 **옥타브**라고 합니다.

각 마디에서 두 음을 치고 음정이 몇 도인지 말해 보세요.

아는 노래 중에 옥타브를 가진 노래들을 찾을 수 있습니까?

C 스케일에 있는 음을 이용해서, 레슨 7에서 시작한 곡을 완성해 봅시다.

3. I had a dream the other night when everything was still;
   I thought I saw Susanna, a-comin' down the hill.

4. The buckwheat cake was in her mouth, the tear was in her eye;
   Says I, I'm comin' from the south, Susanna don't you cry.

Up on the Housetop (complete)

Benjamin Hanby
(1833–1867)

요한 브람스는 독일, 함부르크에서 낭만주의 시대 때 태어났고 지금도 그의 음악은 유명합니다.
'자장가'가 가장 유명한데, 이 곡은 **부드럽고 차분하게** 쳐야 합니다.

우쿨렐레 교실
학생용 1권, 단원 2 정리

멜로디

C 스케일

실습 예제	p. 21	❏

레퍼토리

C 스케일의 노래

All Night Long	p. 22	❏
Lavender's Blue	p. 24	❏
Carnival of Venice	p. 25	❏
Oh! Susanna	p. 28	❏
Up on the Housetop	p. 29	❏
Wiegenlied	p. 30	❏

이론

C 스케일의 음정

실습 예제	pp. 26–27	❏

Ukulele
in the Classroom
· 우쿨렐레 교실의 자료실 ·

F 스케일을 두 부분으로 생각하세요.
1) **F**와 **F** 위에 있는 음들 2) **F**와 **F** 아래에 있는 음들. 여기서는 **F**와 **F** 위에 있는 음들을 배울 것입니다.

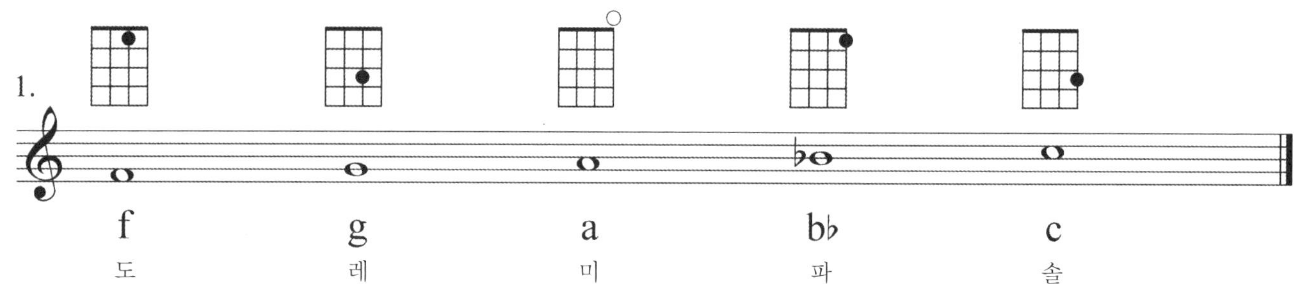

예제 1을 쳐보고 그 다음에는 반대의 순서로 내려옵니다.
예제 1에서 음을 골라 예제 2에 있는 리듬으로 쳐 보세요. 예제 2에 있는 리듬이 다 익숙해질 때까지 반복하세요.

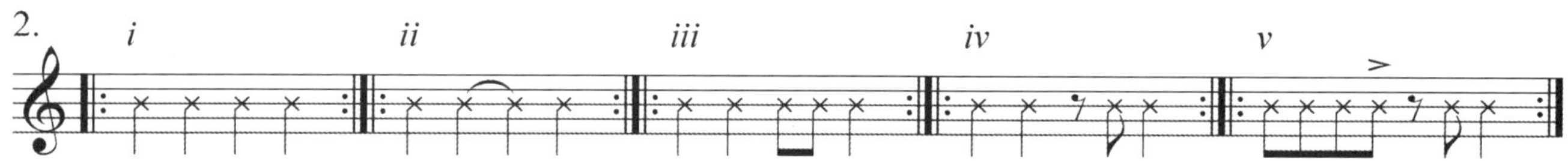

아래의 멜로디는 예제 1의 음들로 구성된 것입니다.

예제 3에서와 같은 음들을 사용하여 예제 4를 만들었습니다. 두 예제 사이에 다른 점은 무엇일까요?

Lesson 15

레슨 15에서 F 스케일의 일부분을 사용해서 멜로디 치는 것을 배웠습니다.
여기서는 나머지 부분을 사용해서 멜로디 치는 것을 배울 것입니다 (F와 F 밑에 있는 음들).

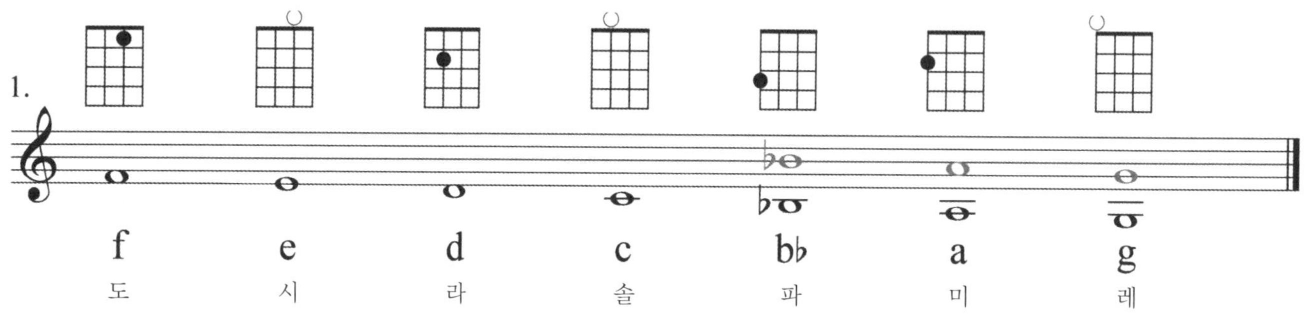

예제 1을 쳐보고 반대로도 연주해 보세요.
예제 1에 나온 음들을 예제 2의 리듬에 적용시켜 보세요. 예제 2에 있는 모든 리듬이 익숙해질 때까지 반복하세요.

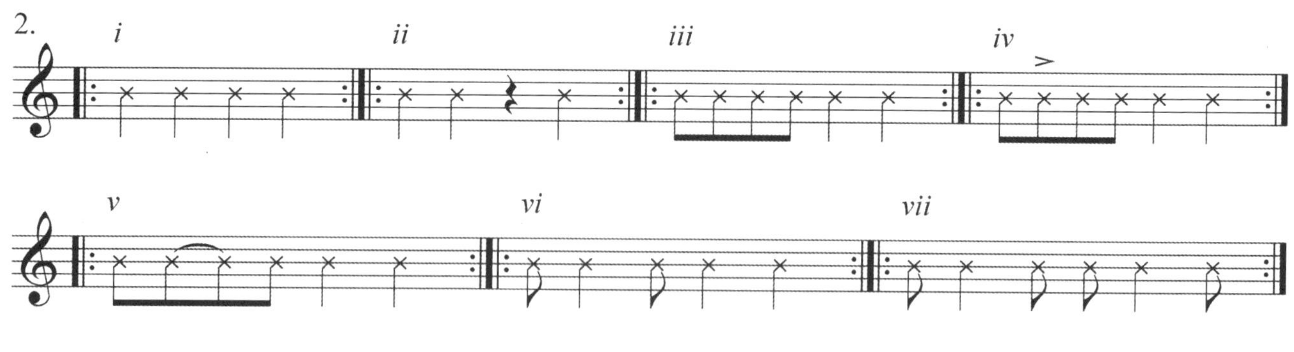

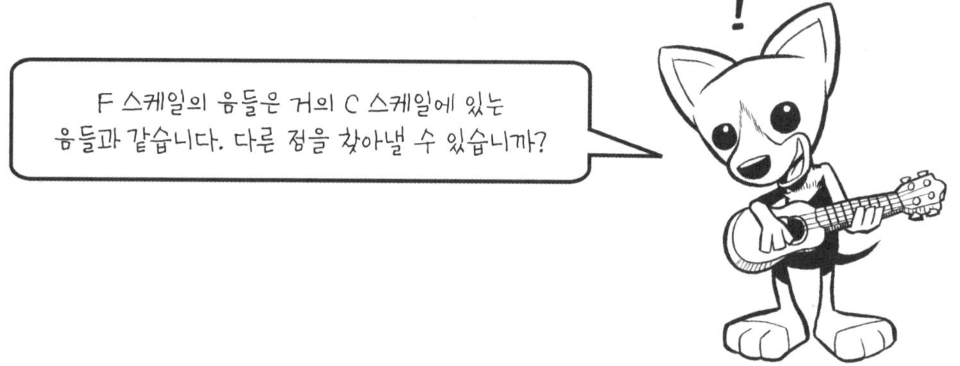

31 페이지에 음 읽는 연습과 레슨 17~22를 보고 F 스케일을 사용하여 노래하며 연주해 보세요.

온쉼표

이 돌림노래의 멜로디는 오직 F 스케일에 있는 음들을 사용해서 만들어졌습니다. 차례로 두 파트를 연주해 보세요.

Johnny on the Woodpile

아메리카 민요

2. Yankee Doodle went to town
Riding on a pony
Yankee Doodle bought a horse
For fifteen cents.

3. Old MacDonald had a farm
Ee i ee i oh!
Old MacDonald sold the farm
For fifteen cents.

일정한 박자를 유지하면서 따뜻한 음색이 나도록 연주해 보세요. 노래와 우쿨렐레 연주를 동시에 할 수 있나요?

Au clair de la lune

Track 11

Jean-Baptiste Lully
(1632–1687)

Moderato

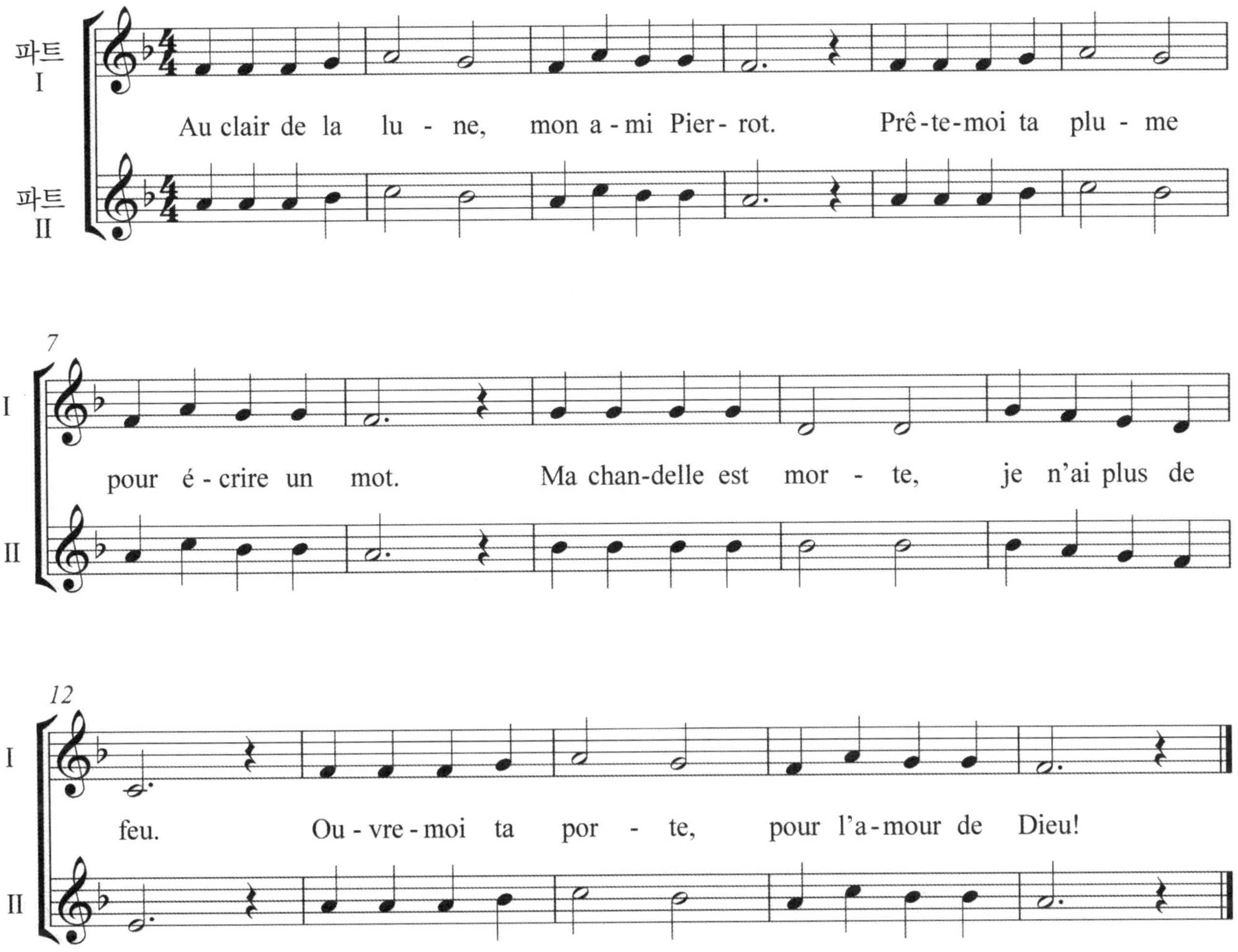

파트 I

파트 II

English lyrics: At thy door I'm knocking, by the pale moonlight.
Lend a pen, I pray thee, I've a word to write.
Guttered is my candle, my fire burns no more.
For the love of heaven, open up the door!

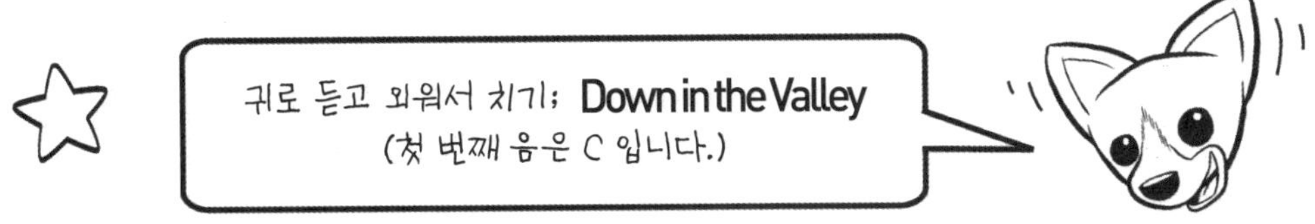

이 곡은 1833년에 영국 작곡자 Thomas Haynes Bailey가 썼고 한때는 미국에서 가장 유명했던 노래입니다.

Tell me the tales that to me were so dear, long, long ago, long, long ago
Sing me the songs I delighted to hear, long, long ago, long, long ago.
Now you are come, all my grief is removed
Let me forget that so long you have roved
Let me believe that you love as you loved, long, long ago, long, long ago.

한걸음 더 나아가 Long Long ago의 변주곡 연주하는 법을 배워 보세요.
기억하세요! 가장 중요한 것은 원곡 멜로디와 음입니다.

Thomas Bayly
arr. James Hill

Espressivo

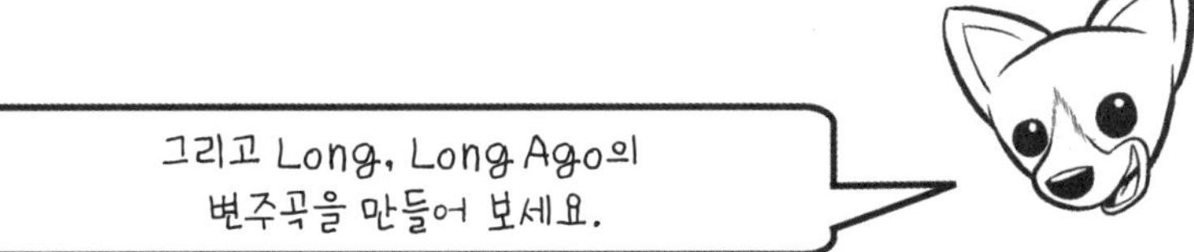

41

밝고 신나는 노래에 "donkey"는 동물을 말하는 것이 아니라 donkey engine 이라 불리는 수증기를 사용하는 작은 모터를 말합니다. 이 엔진들은 옛날 북아메리카에서 통나무를 들어 올리거나 끄는데 사용 되었던 것입니다.

Donkey Riding

캐나다 민요

2. Were you ever in Cardiff Bay
Where the folks all shout "Hurray!
Here come John with his three months' pay,
Riding on a donkey."

Christina Georgina Rosetti가 쓴 시에 영국의 유명한 작곡가 Gustav Holst가 곡을 만든 잘 알려진 캐롤입니다.
Holst의 가장 유명한 곡으로는 현악 합주단을 위한 "The Planets"가 있습니다.

1879년에 Ravenscrag라는 범선이 Honolulu, 하와이에 도착했습니다. 그 배에는 포르투갈 섬 Madeira에서 온 사람들이었습니다. 그 사람들이 1880년대에 Madeira의 두 가지 악기를 결합시켜 만든 것이 지금 우리가 알고 있는 우쿨렐레입니다. 우쿨렐레는 두 개의 악기 machete 와 Rajao를 합쳐서 만든 것입니다.

Auwe Ke Aloha E

하와이 민요

하와이 언어는 아름답고 인상적인 언어입니다. 하와이의 원주민 문화와 하와이를 사랑하는 정신을 전달해 줍니다. 하와이 언어의 모음자는 이렇게 발음이 됩니다.

a = ah (as in "**a**bove")
e = eh (as in "b**e**t")
i = ee (as in "b**ee**")
o = oh (as in "**o**kay")
u = oo (as in "c**oo**l")

☆ 하와이 말 uku(유크)와 렐레의 뜻은 무엇일까요?

우쿨렐레 교실
학생용 1권, 단원 3 정리

멜로디

F 스케일 (Part 1)

F 스케일 (Part 2)

레퍼토리

F 스케일의 노래

Ukulele
in the Classroom

· 우쿨렐레 교실의 자료실 ·

C 코드를 칠 때 한 음씩 치면서 음의 이름을 말해 보세요. C 코드에는 몇 개의 **음**이 있나요?

1.

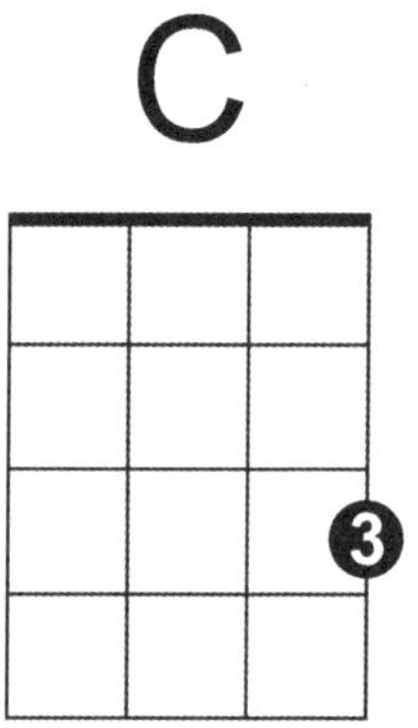

C 코드를 치려면 **오른손 엄지로 4줄을 한 번에 내리면서 치면 됩니다.**
한 번 칠 때 4개의 스트링 소리가 잘 들리도록 따뜻한 음색을 내보세요.

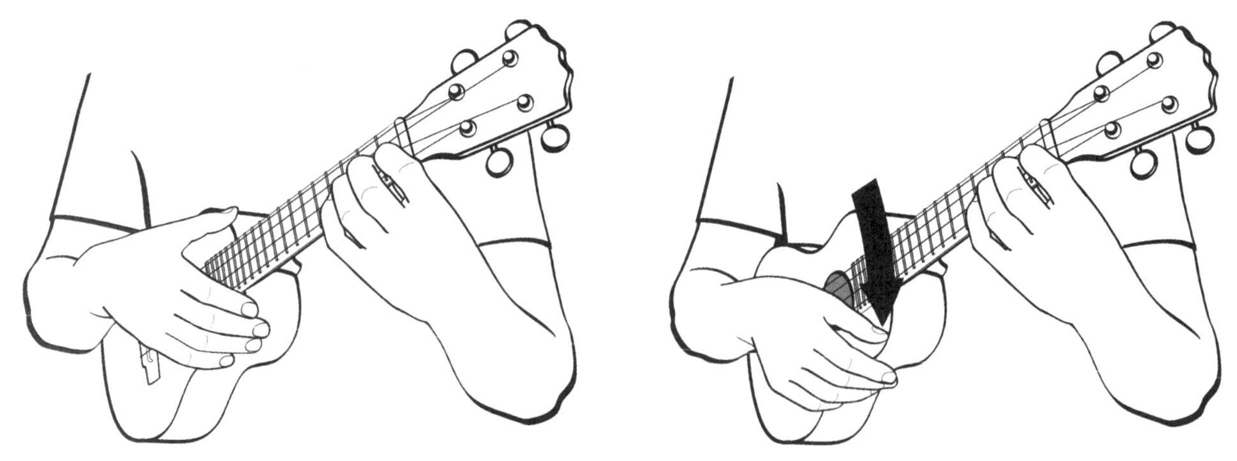

멜로디를 따라 노래하고 스트럼을 해보세요. C 코드가 적혀 있는 곳에 줄을 한 번에 내리면서 칩니다.

2.

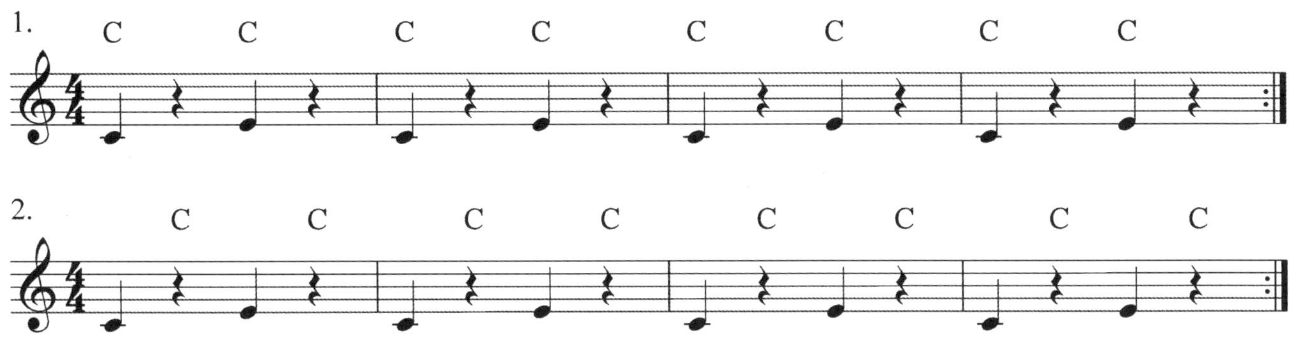

Lesson 23

코드 아니면 멜로디 둘 중 하나를 골라서 연주해 보고 바꿔서도 연주해 보세요.

1.

2.

예제 1, 2를 번갈아 가면서 연주해 보세요.

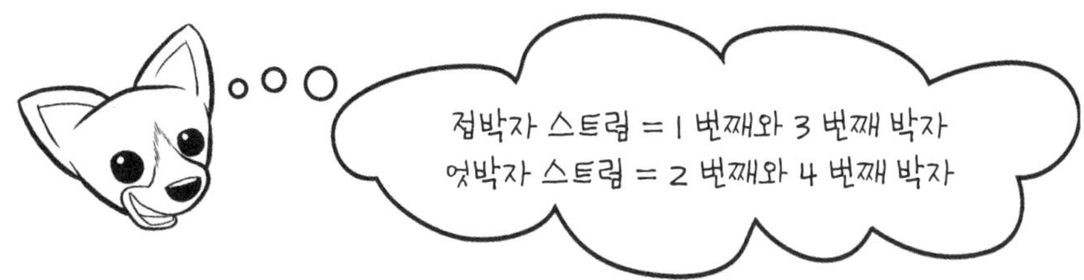

Three Blind Mice를 두 가지 방법으로 노래하고 스트럼 해보세요. 예제 3에 1번째와 3번째 박자에 스트럼을 하세요. 그 다음에는 2번째 박자와 4번째 박자에 스트럼하세요. 정박자와 엇박자 중 어떤 것이 더 좋은가요? 왜 좋은가요?

3.

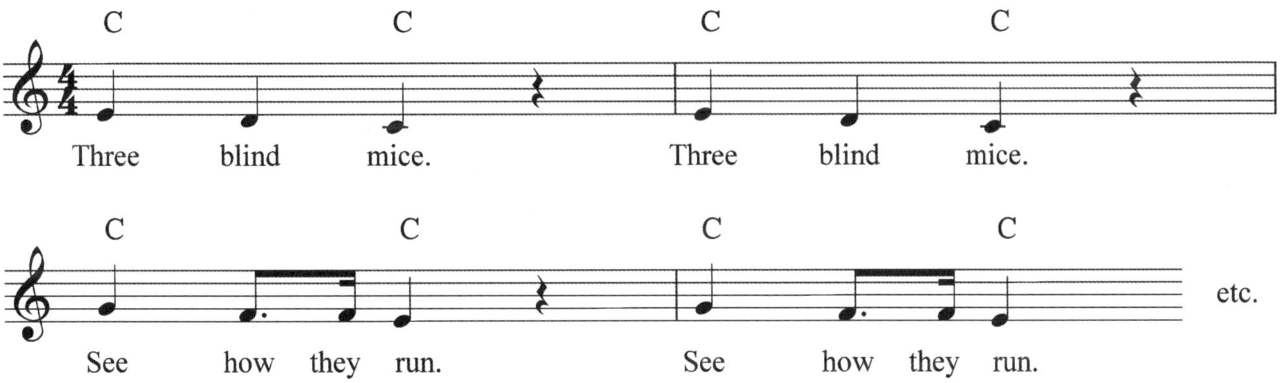

4.

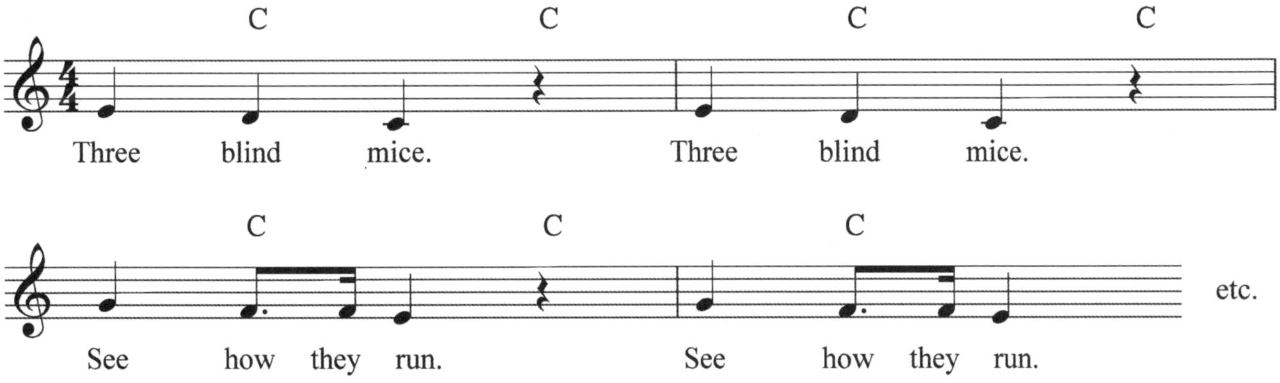

G 코드를 한 번에 한 음씩 치면서 음을 말해 보세요. G 코드에는 몇 개의 음이 있나요?

1.

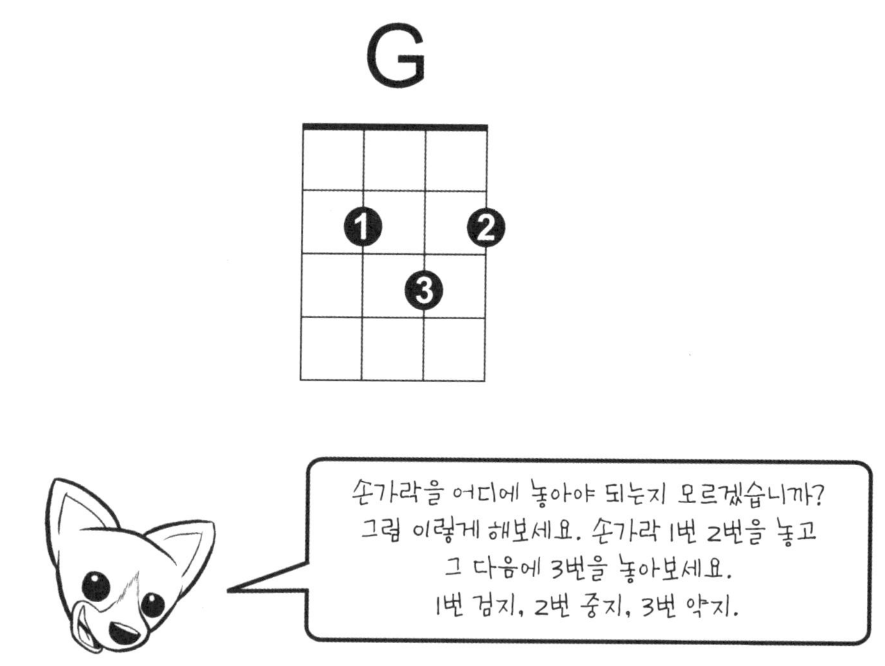

아래의 처럼 G 화음으로 두드리는 게임을 해보세요.
슬래시(╱) 표시가 있으면 화음을 한 번 치고 다른 표시가 있으면 **왼손**으로 무릎을 치세요.

2. The Tapping Game

Lesson 24

이번에는 C 코드에서 G 코드로 바꾸는 것을 연습해요. 똑같은 박자를 유지해 주세요.

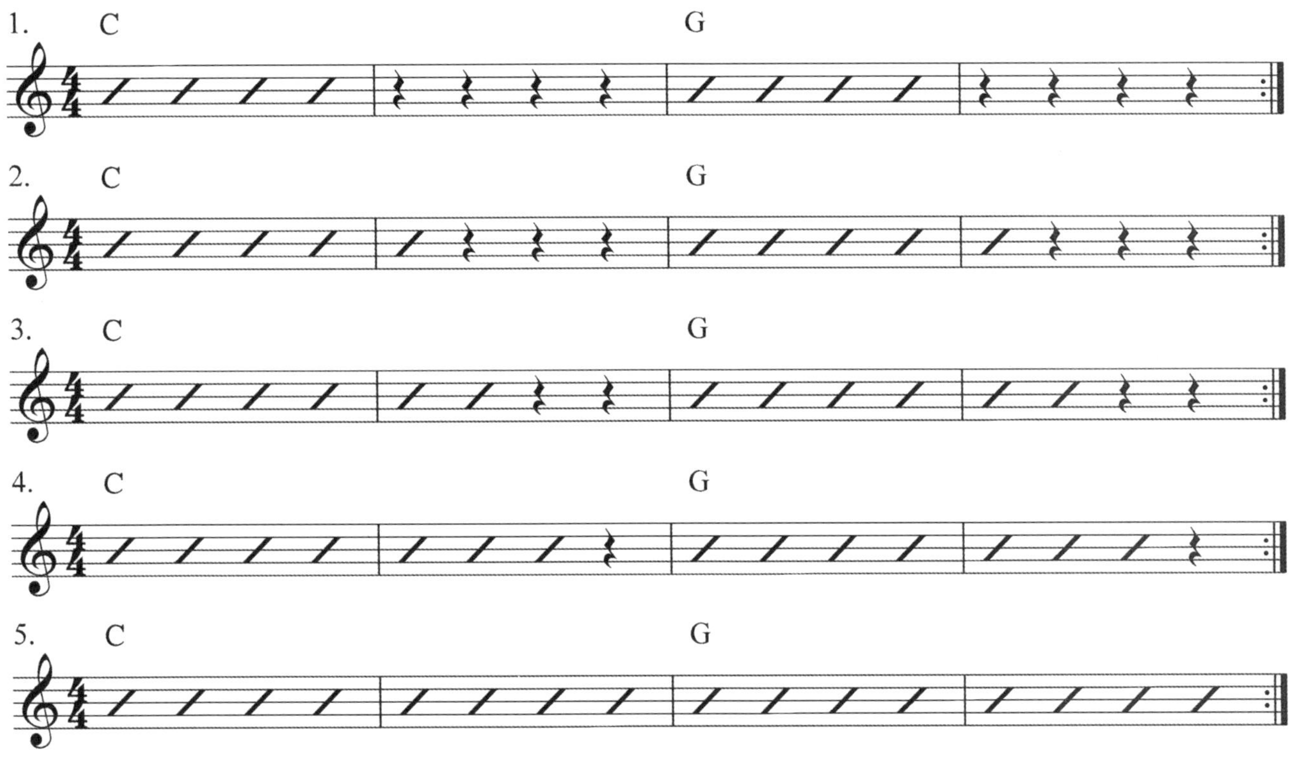

아래의 곡을 멜로디로 연주하며 노래해 보세요.
그리고 스트럼을 하면서 노래해 보세요. C 코드로 시작해서 정확한 곳에서 코드를 바꿔 주세요.

Fais dodo

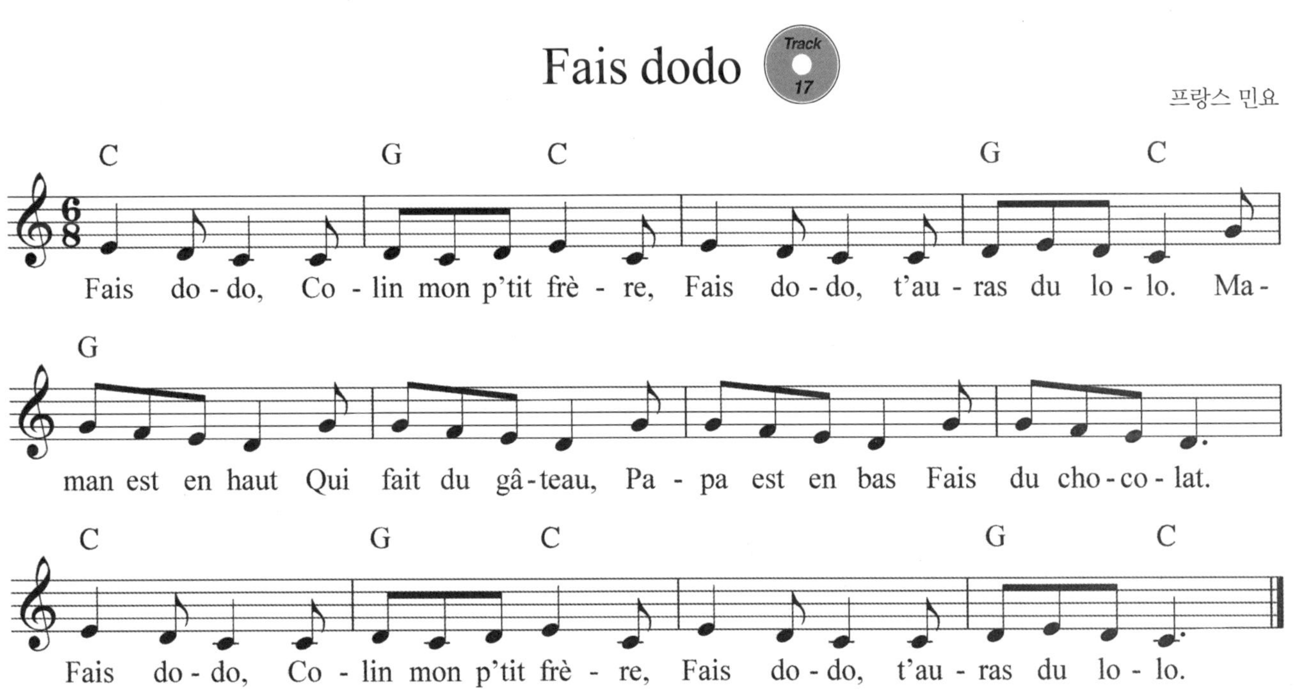

듣고 외워서 노래 하면서 스트럼으로 연주해 보세요. 무엇이 문제인가요?
그리고 C 키를 치지 말아 보세요.

51

활기 넘치는 미국 흑인 민요를 즐겨 보세요. 어떤 **스케일에서 멜로디가 나왔습니까?**
처음에는 정박자, 다음에는 엇박자로 스트럼 해보세요. 박자를 정확하게 유지하고 스트럼을 하며 노래 부를 수 있을
때까지 연습하세요.

Shortnin' Bread

아메리카 민요

2. Put on the skillet, slip on the lid,
Mama's gonna make a little shortnin' bread.
That ain't all she's gonna do,
Mama's gonna make a little coffee, too.

이 칠레의 전통음악은 박자표가 3/4박자입니다. 아래에 3/4박자를 스트러밍 하는 3가지 방법이 있습니다.
세 방법으로 다 해보세요. 어떤 방법이 제일 좋습니까? 자신만의 방법을 만들 수 있습니까?

El Tortillero
(The Tortillas Vendor)

1.

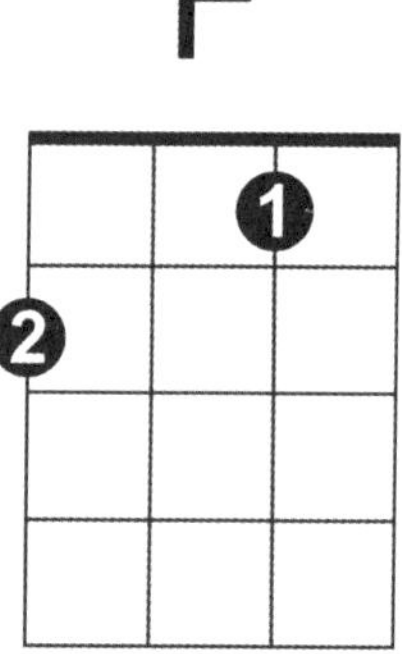

아래의 곡을 부르면서 연주해 보세요. F 코드에서 시작해서 필요하면 C 코드로 바꾸세요.
45 페이지의 Fais Dodo의 버전과 이 버전 사이에 다른 점은 무엇일까요?

Fais dodo

프랑스 민요

Lesson 27

슬래시(／) 표시가 있는 곳에 한 번씩 엄지로 스트럼하세요.
코드가 변하는 곳에서 정확하게 코드를 바꾸세요. 깔끔하고 따뜻한 소리를 내려고 노력해 보세요.

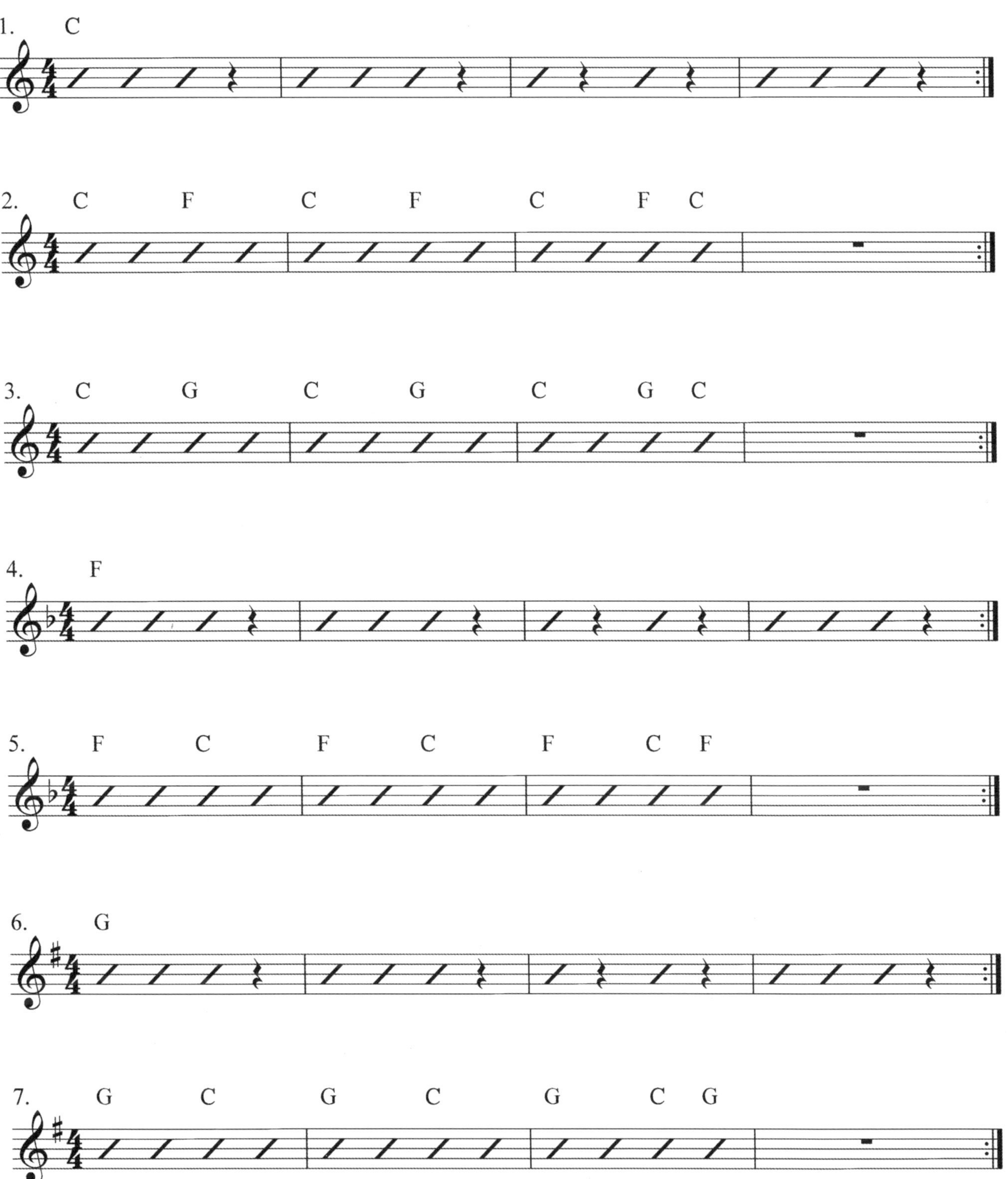

☆ JUMP DOWN, SPIN AROUND AND DOWN IN THE WALLEY를 처음에는 C 키로
그 다음 F 키로 연주해 보세요. 그리고 노래, 멜로디, 스트럼을 외워서 연주해 보세요.

이 아프리카에서 내려온 전통민요는 노래와 멜로디를 연주하고 스트러밍하는데 많은 도움이 됩니다.
재미로 다른 언어로 된 노래를 배워보세요.

French:

Tout le monde aime samedi soir,
Tout le monde aime samedi soir,
Tout le monde (x4)
Tout le monde aime samedi soir.

Spanish:

Nos gústa a tódos la nóche de sábado,
Nos gústa a tódos la nóche de sábado,
Nos gústa (x4)
Nos gústa a tódos la nóche de sábado.

Nigerian:

Bobo waro fero Satodeh,
Bobo waro fero Satodeh,
Bobowaro (x4)
Bobo waro fero Satodeh.

Chinese:

Rénren dōu syǐ hwan lǐbai lyou wăn shang,
Rénren dōu syǐ hwan lǐbai lyou wăn shang,
Rénren dōu syǐ (x4)
Rénren dōu syǐ hwan lǐbai lyou wăn shang.

Ev'Rybody Loves Saturday Night 

이 곡은 캐나다의 뉴펀들랜드 에서 만들어진 민요입니다. 이 노래를 기준으로 많은 변주곡들이 있습니다. 각 나라마다 약간씩 멜로디와 가사가 다릅니다. 어떻게 다르게 연주 될까요? 그리고 왜 달라졌을까요?

Lukey's Boat

캐나다 민요

2. Oh, Lukey he sailed down the shore,
   Aha, me boys!
   Oh, Lukey he sailed down the shore
   To catch some fish from Labrador,
   Aha me riddle-I-day.

3. Oh, Lukey's boat has cotton sails,
   Aha, me boys!
   Oh, Lukey's boat has cotton sails,
   And she was planched with copper nails.
   Aha me riddle-I-day.

4. Oh, Lukey's rolling out his grub,
   Aha, me boys!
   Oh, Lukey's rolling out his grub,
   A barrel, a bag, and a ten-pound tub,
   Aha me riddle-I-day.

우쿨렐레 교실
학생용 1권, 단원 4 정리

The Flower Drum 은 14세기 때 명나라의 Zhu Yuanzhang왕이 통치할 때 만들어진 민요입니다.

The Flower Drum
(Hua Ku Ko)

중국 민요

Go to **www.ukuleleintheclassroom.com/flowerdrum** for a free "high-g friendly" arrangement of *The Flower Drum*.

C

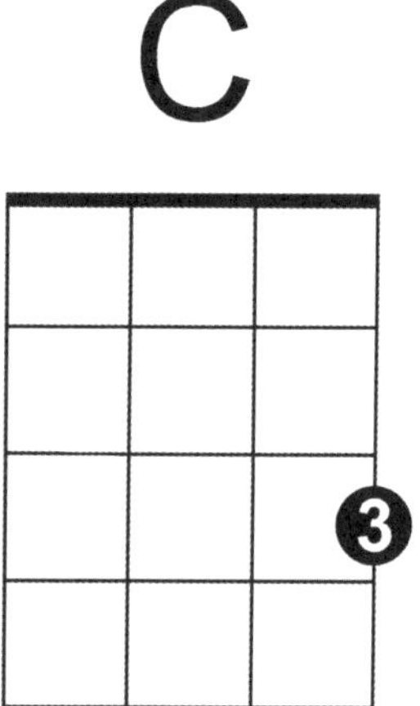

G

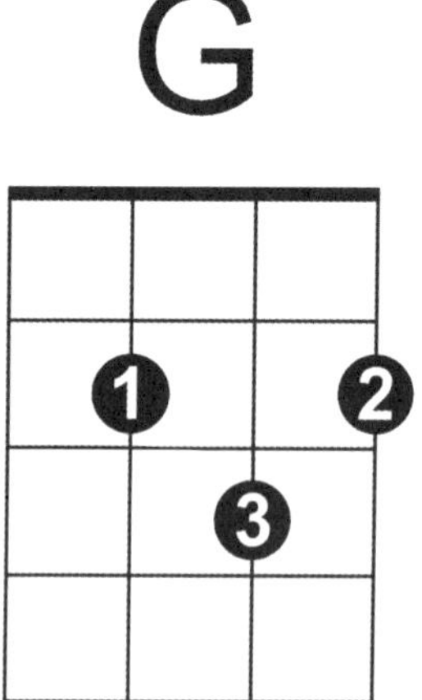

F

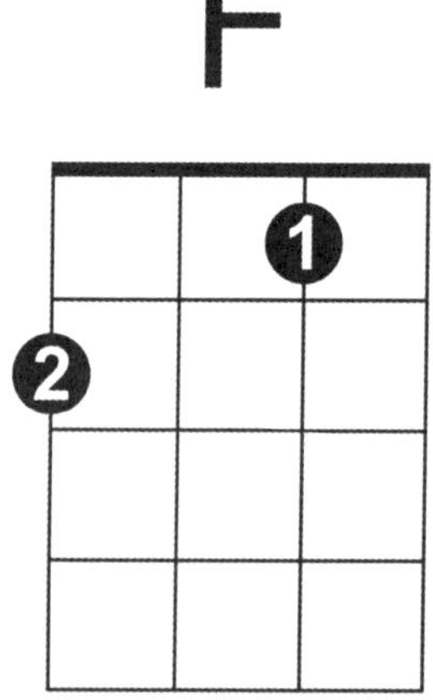